LA LOIRE NAVIGABLE

Les Ponts-de-Cé

LE

PORT DE L'AVENIR

AVEC PLAN *(bis)*

PAR

Ch. CROWTHER

Auteur de *La Loire navigable*, — *Une Première Étude*, etc.

Prix : 50 centimes

ANGERS

LACHÈSE ET Cie, IMPRIMEURS-LIBRAIRES

4, Chaussée Saint-Pierre, 4

1896

LA LOIRE NAVIGABLE

Les Ponts-de-Cé

LE
PORT DE L'AVENIR

AVEC PLAN

PAR

Ch. CROWTHER

Auteur de *La Loire navigable*, — *Une Première Étude*, etc.

Prix : 50 centimes

ANGERS

LACHÈSE ET Cie, IMPRIMEURS-LIBRAIRES
4, Chaussée Saint-Pierre, 4

1896

AUX HABITANTS DES PONTS-DE-CÉ

DU XXe SIÈCLE

Juigné-sur-Loire, 1896

LE PORT DE L'AVENIR

Des Ponts-de-Cé

La statue de Dumnacus, sur le grand pont des Ponts-de-Cé, est bien placée, à l'endroit que David d'Angers avait choisi pour le héros. Dumnacus aimait la Loire ; il combattit pour elle, pour son pays, comme un cavalier combat pour sa maîtresse et pour sa liberté.

Et, ma foi, la Loire est une digne maîtresse. Elle semble être là, dans le jardin de la France, pour l'arroser et pour secourir ses travailleurs, faisant du sol de l'Anjou une vraie patrie, une mère qui fait vivre le peuple.

Un fleuve si beau, si majestueux, doit faire le bonheur du pays qu'il traverse, et être une source de richesses pour les habitants. Comme dit M. Linyer : « Aucun fleuve français ne traverse un territoire aussi « considérable, aussi peuplé et aussi riche ; son bassin « couvre plus du cinquième de la surface totale de la « France ; douze départements sont baignés par ses « eaux ; quinze sont traversés par la partie navigable de « son cours ou du cours de ses affluents, comprenant « une superficie de neuf millions et demi d'hectares, « avec une population de plus de sept millions d'habi-« tants. Et ces départements sont ceux du centre de la

« France, où le climat est le plus égal, le sol le plus
« fertile, les produits les plus variés ; des départements
« que l'urbanité des mœurs, la pureté du langage et
« l'admirable fécondité du sol ont justement fait consi-
« dérer comme le cœur et le jardin de la France ».

La Loire semble dire, en roulant fièrement dans son
vaste lit : « Regardez-moi ! je suis belle. je suis forte, je
n'ai peur de personne, car personne ne peut arrêter ma
course ; je suis reine de la moitié de la France, et il
n'existe pas d'ennemi capable de me détourner de mes
possessions ; loin à l'intérieur, les montagnes me disent
adieu, et mon voyage accompli, la mer me souhaite la
bienvenue. Je suis puissante, mais quand même. je suis
femme, et je suis si capricieuse que beaucoup ont risqué
leur réputation pour moi. Toi, Dumnacus, l'illustre
héros, es-tu le symbole de cette science et de cette
entreprise qui veulent changer ma nature et me rendre
docile et obéissante ? »

Dumnacus garde le silence, mais il semble réfléchir
profondément. Il a vu tellement de choses dans le
passé, qu'il attend paisiblement une nouvelle merveille.
Il est habitué à entendre les grands coups d'orage et les
hurlements des tempêtes. Il a supporté les rayons brû-
lants du soleil, qui desséchaient le pays, et il a senti les
fortes gelées, qui amenaient de gros glaçons frapper le
pont au-dessous de lui.

En des jours plus gais, il a regardé des amoureux,
venant de la noce, heureux dans leur jeunesse et leur
amour. Et puis, il a épié deux vieux amis, qui ve-
naient de quitter le bon vin blanc, allant un peu plus
loin prendre un dernier verre.

Mais Dumnacus songe à autre chose aujourd'hui. Il
est devenu sérieux et pensif. Il se rappelle qu'il y a peu
de temps tout le monde, qui passait par le pont, disait

que les Ponts-de-Cé resteraient toujours comme ils étaient, une ville de campagne, insignifiante et tranquille. Mais subitement, tout change. Une installation, que tout le monde disait ne devoir jamais être faite, existe aujourd'hui, et cause un grand mouvement dans la vieille localité (1).

Et maintenant encore, il s'agit d'une autre entreprise nouvelle, infiniment plus vaste et plus grandiose. La ville a fait un avancement remarquable en obtenant une correspondance rapide et régulière avec le chef-lieu, mais ce qu'elle a réussi à faire par terre n'est pas encore commencé par eau, et c'est justement le cours d'eau de la Loire qui devrait être la source de la richesse et de la prospérité des Ponts-de Cé.

La ville est située sur les bords du fleuve, le plus grand fleuve de la France, entre les centres de commerce, des plus importants. On n'a qu'à regarder la carte pour s'assurer de la situation favorable des Ponts-de-Cé : tout près de la grande ville d'Angers, et à quelques kilomètres du confluent de la Maine et de la Loire. Il faudrait trop de temps pour citer les noms des villes, des contrées, des départements, arrosés par la Loire et ses affluents, et en communication avec les Ponts-de-Cé. On pourrait mentionner le mot électrique de Paris, ou même de Genève, mais tout ça se voit sur la carte, et suivra certainement dans notre discussion plus tard, lorsque la question plus modeste et plus urgente d'une voie navigable entre Orléans et Nantes sera terminée.

Cette œuvre achevée, les Ponts-de-Cé auront une communication directe et commode avec le Nord-Ouest, l'Ouest, le Midi de la France, et plus loin. Nous ver-

(1) Les Tramways électriques.

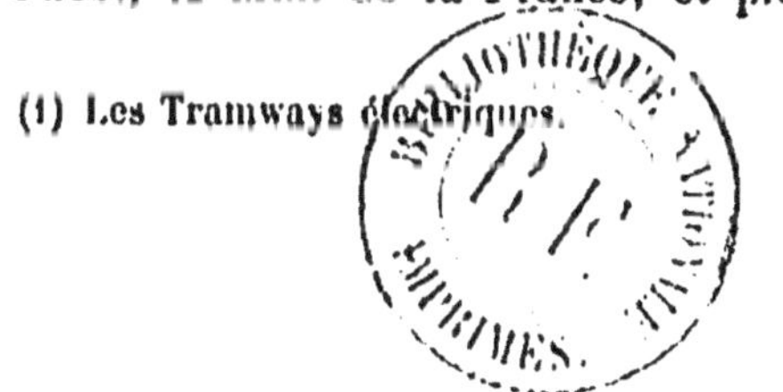

rons la statue de Dumnacus entourée de grands bateaux de commerce, à voile et à vapeur, portant des charges énormes de marchandises, venant de Nantes et d'Orléans, et mouillant dans le port des Ponts-de-Cé.

Nous n'attendrons pas indéfiniment avant de voir la Loire navigable, car la question est déjà très avancée, et des hommes d'influence, intelligents et résolus, ont fait des démarches et des études là-dessus qui sont certaines d'aboutir.

Un de ces Messieurs, M. Linyer, président du comité d'initiative de la Loire navigable, à Nantes, s'exprime ainsi :

« Ces considérations permettent d'apprécier l'heureuse transformation qu'opérerait l'exécution d'une voie navigable facilitant les transports réguliers d'Orléans jusqu'à Nantes.

« Ce serait la résurrection des agglomérations urbaines échelonnées sur les rives de la Loire ; la vie rendue à cet énorme outillage, endormi depuis trente ans, que réveillerait soudainement comme un coup de baguette magique, la création d'une voie navigable ; ce serait surtout la mise en valeur de toutes les richesses improductives du bassin, une considérable plus-value pour la propriété rurale et urbaine, une source de prospérité pour notre agriculture, des facilités incomparables pour notre industrie et notre commerce régionaux.

« Cette voie navigable dont l'importance n'échappe à aucun de vous, pouvons-nous l'obtenir? Quels sont les moyens à employer?

« Sans préciser un tracé ou un mode technique d'exécution, nous nous bornons à réclamer la création d'une voie navigable entre Nantes et Orléans.

« Quelle que soit la combinaison adoptée, nous savons du moins que la dépense ne sera pas supérieure à cent

millions ; peut-être ne dépassera-t-elle pas soixante-
cinq et même quarante-cinq millions.

« En prenant les choses au pire, et en supposant que la
dépense s'élève à cent millions, si l'État consent, comme
cela paraît juste, à en accorder quarante, il restera à
trouver soixante millions. Ce n'est pas une somme qui
puisse effrayer un groupe de sept millions d'habitants,
directement intéressés au succès de l'entreprise. »

Aussi, M. Maurice Schwole, membre du Comité de
Nantes, parle comme suit :

« Mais je voudrais aussi pouvoir vous faire partager
ma foi ardente et vous cuirasser contre les attaques, qui
ne manqueront pas. La puissante féodalité financière
qui exploite les chemins de fer se jugera offensée, —
bien à tort — et nous livrera des assauts passionnés.
On nous traitera d'utopistes, de rêveurs, de bourreaux
d'argent. Après le succès, on nous reviendra, et les chemins de fer eux-mêmes s'apercevront que, loin de leur
faire du tort, la nouvelle loi leur amène un trafic
nouveau.

« Les exemples sont nombreux : en Amérique, c'est sur
les points où les canaux sont les plus répandus que le
trafic des chemins de fer est le plus important ; sur le
Rhin, le trafic a augmenté des deux tiers ; enfin, il est
un exemple plus rapproché de nous : voyez les nombreux
canaux qui sillonnent le Nord de la France ; eh bien ! la
Compagnie des chemins de fer du Nord est la seule qui
ne soit pas obligée d'avoir recours à la garantie d'intérêt
de l'État.

« En tous cas, rien ne devra nous faire dévier de notre
but. Notre entreprise est peut-être moins *brillante* d'ap-
parence, et — pardonnez-moi cette espèce de jeux de
mots — surtout moins *bruyante* que Paris Port de Mer
ou le canal des Deux Mers ; mais nous nous consolons

facilement en pensant qu'au lieu d'être une œuvre *contre nature*, c'est l'utilisation logique et rationnelle des forces naturelles.

« De même, en effet, que nous voulons aménager et canaliser le cours de la rivière, recueillir ses eaux éparses et inutiles, parfois dangereuses, pour en faire un fleuve bienfaisant, de même aussi nous espérons canaliser et diriger le courant commercial. Et, sur ce fleuve régénéré, nous verrons couler le trafic qui ne demande qu'à suivre la pente naturelle vers la mer. Nous aurons un grand fleuve commercial, un immense courant prenant sa source en Europe centrale pour venir se jeter dans l'Océan, en face des Amériques. Sur son chemin, à gauche et à droite, les sources de trafic jailliront de terre et seront comme autant d'affluents. Sur tout son parcours, ce courant puissant assainira et fécondera les régions qu'il traverse, les drainant par l'exportation, les irriguant par l'importation. »

Ajoutons que, à l'heure actuelle, le service des ponts et chaussées, sur l'ordre du gouvernement, étudie la question, et que M. le Ministre des Travaux Publics a alloué une somme d'argent pour les études; et nous croyons que la navigabilité de la Loire n'est pas loin d'être un projet réalisé.

Il est plus que probable que d'ici peu les travaux seront mis en marche, et dès que les chantiers s'ouvriront, le travail avancera rapidement, car sans doute il sera fait en plusieurs endroits à la fois. De plus, la navigation naîtra presque en même temps que les travaux préliminaires, les matériaux nécessaires seront apportés par eau, et peu à peu la Loire se trouvera navigable.

Des dragages se feront régulièrement, et des bateaux de marchandises paraîtront comme par enchantement devenant plus nombreux d'un mois à l'autre.

Pour les Ponts-de-Cé, on ne peut exagérer la vaste importance d'une installation pareille, ni la position excellente où se pose la ville. Elle est située juste à l'emplacement où il manque un port, c'est-à-dire entre Ancenis et Saumur.

Elle deviendra importante sans même le concours d'Angers, car elle sera un point d'arrêt et de mouillage, et possédera en plus un commerce propre à elle-même.

Le plus grand nombre des bateaux, et les bateaux les plus importants feront leur service de Nantes ou de Saint-Nazaire à Orléans ou à Combleux. En faisant ce trajet, ils traversent plusieurs villes de conséquence, parmi lesquelles se trouvent directement et absolument sur les rives du fleuve : Ancenis, Saumur, Tours et Blois. En lisant ces quatre noms attentivement, on s'étonne de l'absence d'une des villes les plus renommées de l'Ouest de la France, la ville d'Angers. C'est vrai. Angers n'est pas sur la Loire, et ce fait a beaucoup d'intérêt pour les Ponts-de-Cé, car, parce que Angers n'est pas sur la Loire, les Ponts-de-Cé deviendront en grande partie le Port d'Angers.

Les bateaux en montant le fleuve, ayant pour destination Tours ou Orléans, et portant des marchandises pour Angers, s'arrêteront aux Ponts-de-Cé, pour éviter l'inconvénient de se détourner de leur course pour monter la Maine jusqu'à Angers, et pour ensuite retourner sur leurs pas. Cette dernière façon de diriger la marche des bateaux serait incommode, coûteuse et non satisfaisante. Les négociants d'Orléans, par exemple, ne voudraient pas que leurs marchandises perdent du temps en route, en allant jusqu'à Angers ; tandis que les mariniers chercheront à abréger leur voyage autant que possible à cause des frais considérables qui augmentent chaque heure de leur service actif. Il est évident que pour faire le voyage promptement, ainsi que pour gagner un bénéfice suffisant, et pour satisfaire à leur clientèle, les mariniers qui remontent la Loire de Nantes à Orléans, avec une partie de leur chargement pour Angers, préféreront laisser Angers à gauche, et débarquer leurs marchandises aux Ponts-de-Cé. Le principe est le même en descendant le fleuve. Un bateau, partant de Saumur pour Ancenis, avec quelques sacs, caisses et colis pour Angers, les déposera certainement aux Ponts-de-Cé.

Les négociants d'Angers même, ayant des marchandises pour Saumur ou Tours, auront un avantage à les expédier par les Ponts-de-Cé, car une fois sur la charrette au chantier, il est presque aussi commode de les envoyer aux Ponts-de-Cé qu'au port à Angers, et elles arriveront bien plus vite au destinataire, avec probablement moins de frais de transport. De plus, selon toute probabilité, le genre des bateaux sera supérieur, et le service plus fréquent, plus régulier et plus soutenu sur le fleuve que sur ses affluents. Pour toutes ces raisons, les Ponts-de-Cé, en ce qui concerne la navigabilité de la Loire, deviendront le Port d'Angers.

Or, ce n'est pas qu'Angers perdra par ce changement. Au contraire, tellement important sera l'agrandissement des affaires, que la ville s'étendra probablement vers les Ponts-de-Cé, avec des usines, des entrepôts et des magasins nouveaux. En outre, le commerce renaîtra au nord d'Angers.

Les pays arrosés par les rivières Mayenne, Sarthe et Loir, ouvriront de nouvelles industries, car ils auront un transport bon marché à Nantes et à la mer d'un côté, et à Poitiers, Orléans, etc., de l'autre côté.

Pour cette navigation, Angers sera forcément le grand centre, laissant aux Ponts-de-Cé le service de la

Loire proprement dite, auquel service sera ajouté le commerce du pays, au Sud.

Ceux qui connaissent les Ponts-de-Cé et qui y sont restés quelque temps, n'auront pas manqué de s'étonner du grand nombre de voitures de toutes sortes, qui passent tous les jours de fête ou de foire.

Toutes les semaines, défilent de véritables processions de charrettes de marchands allant à Angers. Les négociants, les fermiers, les cultivateurs, les vignerons de Brissac, Mozé, Beaulieu, Thouarcé, et d'une vingtaine d'autres bourgs et villages, amènent leurs produits par la route des Ponts-de-Cé. Une grande proportion, disons le quart ou le tiers, de ces marchandises, est pour l'exportation presque totalement par chemin de fer, car il n'y a guère de bateaux à Angers. Mais avec un port aux Ponts-de-Cé où on pourrait embarquer des produits vendus à l'étranger et aux départements voisins, les commerçants du Sud n'auront pas à faire traîner leurs charrettes à Angers, mais s'arrêteront naturellement aux Ponts-de-Cé, d'où les produits seront expédiés avec convenance, promptitude et économie.

Pour le débarquement, il y aura des avantages égaux. Des charbons, des engrais, des bestiaux, des machines agricoles, des vêtements, des vivres, des bois et matériel de construction, arriveront convenablement. Enfin, il existe aux Ponts-de-Cé tous les éléments nécessaires d'un commerce prospérant par eau, et aucune ville ne se prêtera plus hâtivement à la navigation de la Loire. En conclusion je me permets de citer les paroles de M. Rogier, président de la Chambre de commerce d'Orléans :

« Car, la Loire navigable, Messieurs, c'est la richesse pour le pays qu'elle traverse, cette belle contrée qui est la nôtre et que nos pères appelaient le jardin de France;

c'est la résurrection pour ces villes, ces bourgs, ces villages qui sommeillent aujourd'hui doucement étendus aux pieds de ses coteaux, pour son commerce, son agriculture, son industrie, autrefois si prospères, c'est l'existence enfin rendue et assurée à tout ce qui vit près de la Loire et par elle. »

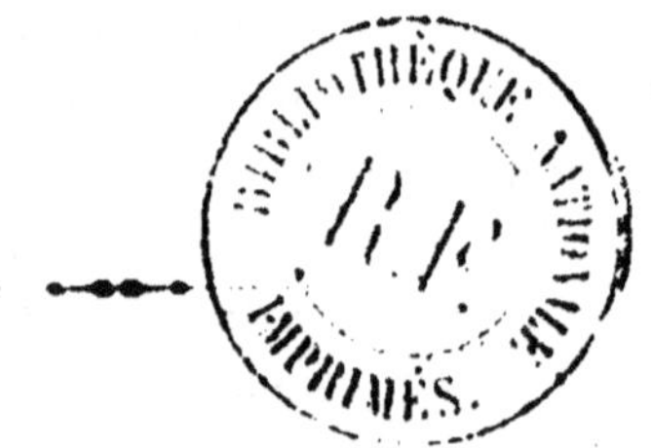

Angers, imp. Lachèse et Cie, 4, Chaussée Saint-Pierre. — 1896.

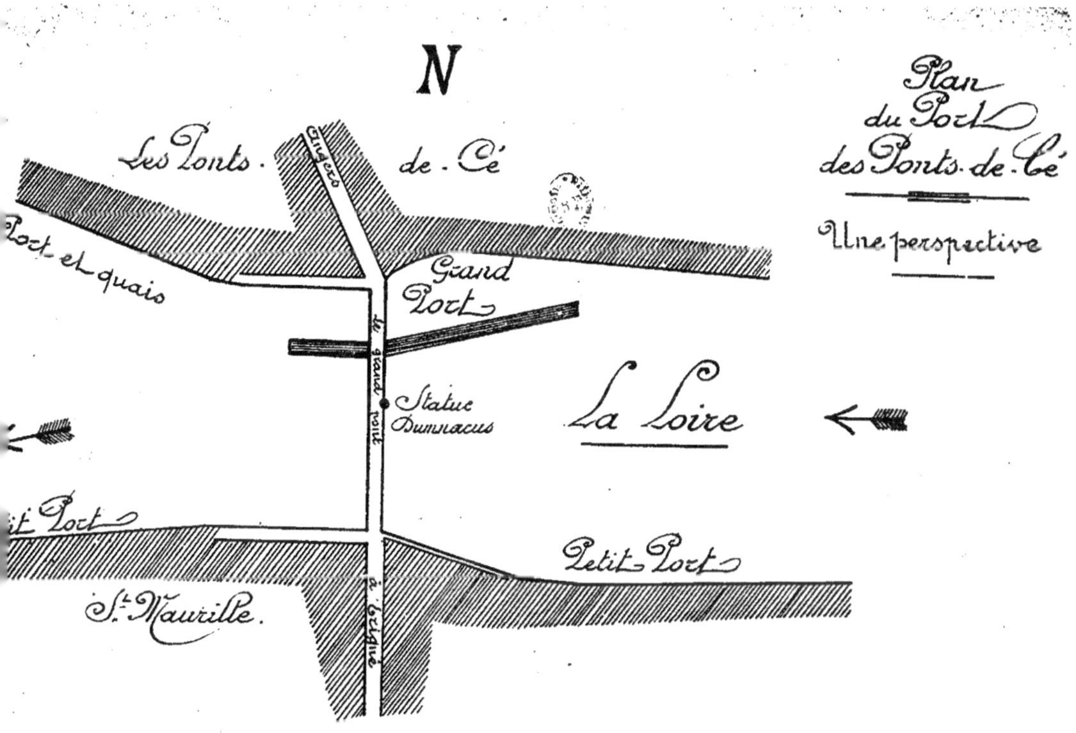
N
Plan du Port des Ponts-de-Cé
Une perspective
Les Ponts - de - Cé
Port et quais
Grand Port
Le grand pont à Érigné
Statue Dumnacus
La Loire
Petit Port
Petit Port
St Maurille.